JN408894

천경만론

千經萬論

천경만론

문목삼림 시집

도서출판 천우

책을 내면서

올 2월 어느 주말이었다. 통도사 계시는 성파 종정을 뵈러 갔었다. 그날 큰스님께서 나에게 소설 한 편 써볼 것을 권유하셨다. 통도사 고승대덕을 모셔놓은 부도전에 유일하게 유자儒者의 영세불망비가 있다는 것이었다. 알아보니 순조 철종 연간에 6판서와 3공을 역임한 권돈인의 비석이었다. 억불의 시대 스님과 교유한 통유通儒였으니 잘만하면 소설적 재미와 완성도라는 두 마리 토끼를 다 잡을 수 있을 것 같았다. 집으로 돌아오기 무섭게 자료를 수집하고 인물을 조사하고 소설의 뼈대를 잡느라 난리법석을 피웠다. 성과도 어느 정도 있었다. 단편으로 마무리할까, 중편으로 늘릴까 행복한 고민을 할 만큼 제법 분량을 채워갈 무렵이었다. 느닷없이 소설 쓰다가 자꾸만 시가 당기는 것이었다. 아무리 머리로 소설을 써야 한다며 밀어붙여도 가슴은 이미 시의 바다에 풍덩 빠져버린 뒤여서 어찌할 방법을 찾지 못하고 있었다. 하는 수 없이 다시 종정을 찾아뵙고 이 해괴한 일의 전말을 말씀드렸더니 당장 소설 쓰기를 멈추고 마음이 원하는 시를 쓰라고 하셨다. 그러곤 빙그레 웃으시며 "시詩(말씀언言 절사寺)라는 것이 원래 절에서 절로 나오는 것인데 절 대장인 나를 만났으니 어찌 시가 절로 나오지 않겠는가." 하시는 것이었다.

그러고 보면 기이하기는 하지만 2007년 시집 달랑 한 권 내고는 그쪽으로 쳐다보지도 않던 내가 종정예하 뵙고 시가 갑자기 쏟아진 밑바닥 숨겨진 연유는 있을 터였다.

언제부터였을까, 이것저것 다 제쳐두더라도 2009년부터 근 3년간 원행스님이 회주로 있는 안동 용수사에서 상운스님과 숙식하며 안동시청으로 출근했던 기억이 생생하다. 명색이 시 역사기록 담당이었지만 그때 이미 난 스님들의 공덕으로 살아가고 있었다. 용수사 나와서는 관음사와 원경학당이 내 놀이터였다. 매주 금요일 원경학당 경전 공부는 물론 거의 하루도 거르지 않고 관음사를 들락거렸다. 일이 있든 없든 그것이 내

일과였다. 거기서 책보다 무료하면 기타 치고 노래하다 밤이 이슥해서야 집으로 돌아오곤 했다. 그 세월이 무려 강산이 변한다는 10년을 넘기고 보면 언뜻 남들 보기에 멀쩡한 직장 때려치우고 무슨 정신 나간 짓이냐고 할지 모르겠으나 보고 배운 것이 없지 않았다. 학당 손수 세우고 11년째 물심으로 원생 뒷바라지하시는 원경스님을 지켜볼 때마다 드는 생각이 있다. 저렇게 거룩한 뜻 세워놓고도 어쩜 상이 없으실까? 이제껏 스님께서 뭘 해놓으시고도 당신 입으로 뭘 했다고 하는 소릴 들어보지 못했다. 포교 위해 정해학당의 오경스님, 사자음대보살님과 정경포럼을 창립할 때도 그랬다. 세 분이 손잡고 걸어가시는 걸음걸음 하나하나가 여여如如했기에 고개가 절로 숙여질 만했다. 17년째 문경 봉암사와 조계총림 송광사에 하안거 동안거 한해 두 번 대중공양 다녀오는 오경스님과 사자음대보살의 자비정신이 이 시 속에 오롯이 녹아 있다. 내 시에 대승의 자양분이 조금이라도 엿보인다면 그건 선방 있는 곳이라면 어디 한 군데라도 빼놓지 않고 달려가는 이분들의 발자취로부터 기인되었다고 해도 과언이 아니다. 출판하기 전 시를 먼저 살펴본 영남대 국문학과 이강옥 교수께서 우리 불교사에 불이와 화엄으로 채색된 시집다운 시집이 출판된다는 것은 매우 의미 있는 일이라며 상찬 아닌 상찬을 해 주셨는데 분명, 그러하다면 그건 나에게 불교의 종지를 가르쳐 준 원경학당 용수 사부님과 도반들 덕분이리라.

2023년 11월

● 발문

'천경만론'이란 제목이 눈길을 끈다. 천경만론千經萬論은 천 가지 경전과 만 가지 논서라는 뜻이니, 그야말로 방대한 지식의 세계, 아니 주로 종교적인 경전과 논서를 의미한다는 점에서, 지식의 세계라기보다는 지혜의 세계를 상징하는 것일까? 가만히 들여다보면 시집의 시편들은 주로 선적禪的인 세계를 담고 있다. 선禪, 그중에서도 시인이 관심 갖고 있는 간화선은 언어인 화두話頭로서 출발하지만, 그럼에도 언어에 속지 말라고 강조한다. 선불교의 중요한 소의경전인 『금강경』도 "반야바라밀다는 반야바라밀다라는 이름일 뿐, 반야바라밀다가 아니다"라고 역설하면서, 언어나 이름, 알음알이에 속지 말라고 설한다. 선을 추구하는 시집이 선과는 어긋나는 듯한 제목을 썼다는 것이 어쩌면 이 시집을 이해하는 열쇠일 수 있다. 선이 아무리 언어를 넘어선 것을 추구할지라도 언어를 통하지 않고는 완성될 수 없듯이, 시도 언어를 넘어서는 것을 추구하지만 그 바탕은 언어, 이를테면 천경만론임을 뜻하는 것은 아닐까? 결국 시인이 추구하는 것은 어떤 "천하의 유려한 언어로”도 표현할 수 없는 “저 보이지 않음의 신묘”요, “눈 한 번 깜박이는 사이/ 무엇으로도 되돌릴 수 없는 묘유”(「반가사유상」)이다. 애초에 시인은 소설로 그 세계를 그려보려 했다가 자연스럽게 쏟아지는 시로 마음을 돌렸다. 실로 이 시집의 시들은 선적인 몇 마디 말에 천경만론이 모두 들어 있음을 아주 자연스럽게 펼쳐 보이며, 천경만론 또한 단 몇 마디 말로 함축될 수 있음을 보여준다. 이 시집의 전략은 천경만론을 통해 천천히 불법의 핵심으로 다가서기보다는 몇 마디 말로 천 가지 경전과 만 가지 논서를 단숨에 보여주는 것이라고 할까? 시인이 추구하는 ‘진공묘유’의 세계를 그리는 데는 산문적인 언어보다 시적인 언어가 더 적절함은 두말할 필요가 없으니, 우리는 그저 이 시집의 시편들이 노래하는 세계가 단출하면서도 왜 이리 방대한지를 화두처럼 곱씹고 또 곱씹을 일이다.

— 동명(차창룡)스님(서울 불광사 주지, 시인)

제1부

바람이 분다

제2부

장미 꽃잎 흩날리듯

제3부

천경만론

제1부

바람이 분다

바람이 분다

통도사 서운암*
초저녁 달빛
넘실대는 꽃가지 타고
창문 넘어오는 소리
가만가만 듣노라면
하늘가에서부터 우레 밀어내고
추상秋霜 부르는
갈잎의 연한 속삭임
반짝반짝 충전 중인
별들의 무성한 눈빛이 깨알 같다

모름지기 깨어 있는 일이란
속으로 흐르는 것이어서
엄동 언 강 속으로도 물이 흐르고
설한에도 속 젖지 않은 버들강아지
봄을 부르는 법이다

계절이 오가는데 아직 상하지 않은
타다 남은 심지에라도 불을 지펴야겠다
남녘에서 소슬바람 불어온다
먼 길 갔던 임이 오시려나 보다.

* 성파 종정의 토굴.

가랑잎

얼마나 시간이 흘렀을까
아니 흘러 왔을까
검은 생각 하나가 일어나는 쪽으로
몇 억 년은 더 되었을
먼 데서부터 먹장구름 밀려오고
아득한 서편 하늘로부터의
그대 안부인가
독경 같은 음성 하나
방금 내 귓가 스치었다 사라진다

길게 드리워진 길 보인다
그 길 따라 그대 속깨나 태웠을
붉은 노을 걸려 있는데
겨우내 불러도 닿지 않던 그대
저기 저, 서운암 감나무 가지 끝
머플러 한 자락으로 펄럭인다.

사라져 간다는 것

내 마지막 소원은 깃털처럼 가벼워지는 것
흩날리는 눈처럼 이내 녹아 흔적 없이 사라지는 것
죽음은 일상이거나 어쩌면 기적과도 같은 것
사라져간다는 것은 한 죽음이 한 생을 밀어
죽음으로부터 부축 받던 삶이
유유히 우주의 경전 안으로 걸어가는 것
깊디깊은 시원의 유혹 속으로 빠져드는 것이다
은자가 주문을 외며 고요 속으로 침잠하듯
시공 속 영원한 자유 찾아
홀로 긴 여행을 떠나는 것이다.

연미사 제비

연미사 제비
하늘 가는 길 따로 있다
강남-제비원 왕복
제비원로 672번지로만 다닌다
9월 9일 중양절
남태평양에 풀어놓았던
와공瓦工의 혼 물고
3월 3일 삼짇날
연미사로 돌아오는데
그런 날에는 닫혀 있던
내 안에서도
그대에게로 가는 길 열린다.

잉카 소녀*

누군가 잃어버린 시간을 불러들이나
문밖에 서성이던 세계가 술렁인다
되돌리고 싶은 추억이 떠올랐는지
잠자던 소녀의 얼굴에
배시시 홍조가 물든다
기억 밖의 기억을
조각하는 것은 구름 그 너머의 일
꽃잎 지는 이유를 꼭 다 알 필요는 없다
아직 다가서지 못한 시간의 태엽에
비 내려도 젖지 않은
눈 내려도 얼지 않은
신선한 바람의 정액이 묻어있다.

* 안데스산맥에서 발견한 15세 잉카소녀의 몸을 해동하자 죽은 지 500년이 지났는데도 선홍색 피가 흘렀다.

내 어디엔들 못 가랴

눈물 질끈 닦은 손으로
신발 끈 모질게 조여 매었음이라
내 어디엔들 못 가랴
상한 가슴 그까짓 것이야
매몰차게 여의고 돌아서면 그뿐
독한 고량주 한 잔 들이켜 목 축이면 그뿐
내 젊은 날 부질없는 것에
너무 많은 발 동동 구르며 피 애태웠음이라
어디 너른 들판에 여섯 자 안 되는
몸뚱어리 눕힐 세 평 너와집 없으랴
집 뒤로 나지막한 산을 불러들이고
그 사이 골짜기 몇 개 들여놓으면
사시사철 꽃들이 지고 피며
세월 동여매는 동안 내 마음도 무르익어
잎 무성한 나무그늘 아래 평상 깔고 흘러가는
구름 바라보아도 내사 원 없으리
폭풍우 세차게 몰아치는 밤이 와도
한세상 지독한 고독조차 즐길 것이로되
해 바뀌어 들판에 파란 보리이삭 바람에
일렁이거든 이거야말로 좋은 시절
덤으로 사는 거라 덩실 춤이라도 추겠네.

환희와 장엄

통도사 성파 큰스님 강원에 들러
재잘거리는 학인들 나무라기는커녕
"환희로다 환희"라며 손 흔들어 보이신다

이리저리 무리지어 노니는
학승 보고서도 경책하기는커녕
"장엄이로다 장엄"이라며 호탕하게 웃기만 하신다

구절양장

풀잎 바지랑대로는 하늘 잴 수 없기에
는개가 이른 저녁 불러 길 떠나기 좋은 날
달팽이 멍에 같은 제 껍질 등에 걸머지고
이번 생에 일대사 끝내려는 듯
벼랑 끝으로 한 발 더 내딛고는
구불구불 구절양장 풀었다 접었다
느릿느릿 돌고 도는 길
밤새 곡성으로 길 건넌 바람의 칼에
목 날아간 동백의 뜨거운 이별 보고는
점점이 소멸해가며 빛을 내는
그렁그렁한 눈빛들을 떠올리는 것인데
오래 걷다보면 보이지 않은 것들이
어느 순간 삶 속으로 걸어 들어와
등 뒤에서 햇볕이 깃대를 세워
꽃을 피우는 것처럼
달팽이 한 세월 그윽하게 바라보다보면
생의 건너편에서 되새김질하는 얼굴이
삶의 환한 배경 되는 날 있다.

조사당 풍경

조사당
울타리 넘어
얼굴 내민 선비화
부모미생전
화두 정진 맹렬한데
저 멀리 퇴계가
날려 보낸 오작烏鵲
부석사 빙 돌아
유명幽明 천지간 오를 때
의상* 근일*
덩달아 선경 다녀온다.

* 의상 : 우리나라 화엄학의 조종. 부석사는 의상이 화엄의 기치를 내걸고 창건한 최초의 절이다. 부석사 조사당에는 의상대사가 모셔져 있다.
* 근일 : 대한불교조계종 16교구 고운사 조실이다. 부석사에서 40년 넘게 주석하고 있다.

심지대사* 나무

6월 대낮 심지대사
동화사 칠성각 오동나무로 활짝 웃고 있다
이미 진제*고 임담*인
심지나무 돈오설법이 장쾌하다
이제 더는 그 무엇도 할 필요가 없다
더 보태려는 순간
동서로 갈라지고 남북으로 찢어져
마침내 천지간으로 뒤틀어질 뿐이다
오동나무 한 그루에 온 우주가 들어 있다
봉황 내려앉은 이 순간이 절정이다.

* 심지대사 : 대구 팔공산 동화사 칠성각 오동나무의 명칭.
* 진제 : 제14대 대한불교조계종 종정.
* 임담 : 동화사 방장.

억산

100년 만에 운무 자욱하게 피어올라
절문을 휘어 감고 법당마저 집어삼키자
드디어 이무기의 허물 벗고
용천하려던 바로 그 찰나였다
문구멍으로 자신을 훔쳐보던 상좌와
눈이 마주친 명성* 큰스님
억- 하며
꼬리를 세게 호거산에 내려치니
산이 두 동강으로 갈라지고
눈 깜박 일순에 호거산이 억산이 되어버렸다
운무 자욱한 날 억산에서
혹여, 외마디 비명 해탈화두 귓전 때리는
억- 소리 들어 본 적 있는가

* 청도 운문사 회주.

백운거사*

어제는 반가운 곡우로
대처 다녀가더니
오늘은 청산 오르는
고라니 등에도
다문다문 경구로 박혀 있다
이제 보니 비로봉 떠도는
운수납자와 줄지어
일렬횡대로 날아가는
기러기 대오마저 돈오를 이뤘다.

* 조계종 16교구 안윤효 신도회장 법명.

해바라기

바람의 길을 따라가다
해를 향해 얼굴 내민
해바라기 사이로 언뜻 내비치는
푸르른 하늘 올려다보면
이것도 한 세상이다 싶다
산다는 게 그리
고단한 것만은 아닐 터
잊지 못해 외로움이 되어버린
지독한 고독이라는 것도
풀지 못한 것들 때문에
넘어진 삶을 일으켜 세우다 보면
이렇게 살아갈 수도 있겠다 싶다
너의 기억을 따라가는 해바라기
이렇게 늙어가는 것도 괜찮다 싶다.

우화등선

원경학당 터줏대감 임대식형
11년째 주야로 금강경 독송한다

기생 품은 홍청망청도
젊은 한때의 일
뜻 갈고 마음 경영하는 것만 못하니
부지런히 광음을 달려 돈오에 이르고선
팔선녀 옆구리에 낀 우화등선 꿈꾼다

금학 타고 유명 간 넘나들며
향 정 희 남 자야*와 더불어
두둥실 어깨춤 추며
선경 다녀올 꿈에 들떠
벌써 발이 반쯤 땅에 닿지 않는다.

* 원경학당 도반인 양미향 김미정 김정희 김영남 김선자.

고독 어디에나 있는 것

산중에 보는 이 없이
홀로 핀 꽃
외롭다더냐

공중에 흔적 없이
날아가는 새
서럽다더냐

고독과 이별
유별난 거 아니다

다들
자기만의 세상에서
그렇게 살아가는 거다.

도깨비 불

동해 번쩍 서해 번쩍
90억 도깨비 불장난에
여기도 아우성
저기도 아우성
도처에 집이 활활 불타고
산으로 들로 도깨비불이 번진다
꿈속의 일을 두고
실존을 알 수 없는 도깨비놀음에
날 새는 줄 모른다
당신이 보고 있는 것은
지구라는 한 편의 영화다.

시황에게 말하노니

영겁을 살겠다니
나지도 않았는데
어찌 수레바퀴 돌겠는가

애초 삶과 죽음 없는데
무슨 영겁이 있다는 것인가

시황이여
차나 한 잔 드시게나

세계의 창조

발 딛자 급격하게 어둠이 몰려왔다
사방 살의 품은 부릅뜬 눈들이 희번덕거리며
끝을 알 수 없는 구렁텅이로 나를 밀어 넣었다
떠밀려 낭떠러지에 굴러 떨어진 자에게
바닥은 그저 아득한 심연일 터

눈들이 살벌해지고 고립이 심화될수록
끔찍한 일들은 다반사로 일어나는 법
마침내 내 눈 앞에서 내가 사라져버렸다
어디에도 나는 없었고
나는 아무것도 아니었으나
나 아닌 그 어느 것도 이 세상에 존재하지 않았다
나는 이것이 무엇인지 오직 모를 뿐

굽이굽이 고원을 넘어가면서도
뒤돌아보지 않은 새들의 지향이며
겨울을 나고자 흔들리며 꿋꿋이
서 있는 나무의 서사며
계절과 계절이 오가는 와중에
지고 피는 꽃들의 엇갈린 시선조차

다만, 세상 너머의 공사다망이
내 눈 앞에 선명하게
이름 지을 수 없는 세계로
창조되었다는 것을 알 뿐이다

마음이 승리한 자에게 축배를

나를 아끼는 산승이 이르기를
매번 절박하게 손 내미는
임의 의존성을 절단하려면 매몰차게 거절하는
단호함을 보여야 한다고 다그치지만
물러서는 법 배우지 못한 임에게
손절이란 하늘 무너지는 상심이라
차라리 몇 푼 남은 지전마저
꼭 쥐어주는 아득함이라니
움켜쥐고 서서히 말라가는
임의 퀭한 눈을 바라보느니
마지막 끼니 때울 그 몇 푼마저
모조리 탕진하고 난 뒤에 오는 허전함이랄지
막연함에 밑바닥까지 내려가는 비애를 맛본 연후에라야
이것저것 살필 수 있는 통찰에 도달할 수 있음이라
내 다 비워진 금고에도 찬란한
영성이 쏟아져 들어올 것임이라
나 진실로 말하노니 온전하게 비울 수 있다면
인천(人天)은 물론이고 귀신마저 감복할 지로니
정녕 만금의 은사로 보답하는 귀인이며
감로 머금은 천신의 가피를 허리에 두르고 싶다면
줄 수 있을 때 기꺼이 퍼 줄 수 있는
그대 마음이 승리한 자에게 축배를.

제2부

장미 꽃잎 흩날리듯

날짐승의 나라

하늘 나는 저 새들
이승도 저승도 아닌
유명幽明 간 중턱에 머문다
하늘 품고서야 적막 거둘 수 있는데
구름 문자 해독하고서 바람의 길을 간다
가장 높이 날아오르는 새에게
내 심장을 내어 주고 싶다
상 받을 일도 욕먹을 일도 없는
그곳에서 벌거숭이로 살고 싶다
사시사철 무화과 주렁주렁 열리는
날짐승의 나라
심장을 주고서라도 가보고 싶은 나라.

고비가 말하는 것

눈에 보이는 것만 좇는 사람은 모른다
세상 어느 것 하나 헛된 것 없다는 것을
바람의 인연으로 켜켜이 쌓인 모래언덕
그 너머로 몽롱하게 피어오르는
신기루가 어쩌면 자신의 예라옹곤*이라는 것을

산 오르다 개미떼 다 지나가기를
한참이나 서서 기다리다 나뭇가지에 앉은
외로운 새 한 마리 오래도록 바라보는 것이
바람결에 수런수런 말 걸어오는
여름 한낮 은사시나무에게
눈부시다고 귀띔해 주는 것이

갈증 나는 봄 흐드러지게 피고 싶은
채반 같은 베고니아 꽃잎 위로
빗방울 되어 타박타박 떨어진다는 거 모른다

별이 무수히 쏟아지는 칠월의 고비사막
넘어가다 쓰러지면 저 하늘의 별이 되겠지만
만약 내일도 걸어갈 수 있다면
오아시스의 자비를 기억하리.

* 몽골어로 생령을 의미한다.

이만하면

세상살이 상한 가슴 풀어헤쳐 대전사
법일法一*에 걸어두고 해종일 종달새 지저귀는
주왕산 푸른 하늘 올려다보면
어느덧 봄바람 살랑이며 다가와
이만하면 이생도 살 만하다 속삭여 주네.

* 청송 주왕산 대전사 주지스님

내 남은 날은

내 남은 날은 바람으로 살리라
한 점 티 없이 시공으로 솟아올라
삶이라는 텅 빈 공간에 버려두었던
작디작은 꿈들을 다시 꾸리라
낮이면 평상에 턱 괴고
나무들의 수군거림에 귀 쫑긋거리다
밤이면 버들가지 끝에 내려와
속삭이는 달님의 밀애를 훔쳐보리라
우주는 무한하노니
우리들의 마음처럼 멈출 수 없나니
목성에서 점치는 여자의 영혼에다 정령을 심고
나 바람결에 그대에게 돌아갈지니
여름밤 후–두둑 소나기 내려치거든
그대 못 잊은 내 몸부림일지니
그대여 부디 우리 피 끓는 오작烏鵲으로 만나자
그게 아니더라도 순한 날
목 길게 뺀 한 마리 홍학으로 날아나 가보자.

반가사유상

천하의 유려한 언어로
저 보이지 않음의 신묘를
눈 한번 깜박이는 사이
무엇으로도 되돌릴 수 없는 묘유를
당장 뜨거운 심장 아니고서는
무엇 하나 새겨 넣지 못할

생각 하나

깊이 돌아간 곳으로
큰 배 흘러간다.

날개

날개 솟아나려나
길 가다가도 한 생각 떠오르면
가려던 곳 온데간데없고
어딘지도 모르는 벌판에
나무처럼 우두커니 서서
오래도록 비바람 맞으며
허공으로 흩어지려는 구름 일기
나무껍질에 점자처럼 박음질하고는
시간 멈춰버린 폭풍 속에서
몇 날을 지새우다보면
어깻죽지에서부터 날개가 솟아나
푸르른 날개가 솟아나
그런 날 절간*에 서면
시 아닌 말씀이 없어
법당 앞 햇살이 쓰다만
주련에도 날개가 솟아나

* 통도사 성파 큰스님

어머니

하늘가에서부터 봄이 흐릅니다
별들이 반짝이며 봄을 충전합니다
달이 어찌하지 못하고 옷을 벗습니다
노래하는 새는 별 하나 사뿐히 물고
나뭇가지에 내려앉으며 지저귑니다
진달래 눈가에 미소가 번집니다
벚꽃이 하얀 이를 드러내며 파안대소합니다
그곳에 계신 당신께서 밤사이 부친
봄 편지에 아직 풋풋한 꽃향기 묻어납니다.

대전사* 족두리꽃

먼 기억의 호접지몽이려니
연화봉 오르내리던 나비 몇 마리
명부전 족두리꽃 잎사귀에
보고픈 얼굴 아로새길 때마다
잎 진 자리에 꽃대 다시 여물고

늘그막 조사의 장삼이려니
마당 내려선 학소대 산그림자
입 크게 벌릴 적마다
미처 다 전하지 못한 별전別傳
보라 빛 생목숨으로
한 움큼씩 떨어져서는

어딜 한 번쯤 사정없이
휘몰아치는 꽃비였다가
더는 소진할 여력 없는
담담한 사랑으로
어느 궁궐의 옛 미녀마냥
정처 없이 흩날린다.

* 청송 주왕산 대전사.

전립선과 변비

봉행스님* 해우소
들락날락하는 날에는 물줄기가
찔끔찔끔하다가 아예 뚝 끊어진다

걸쭉한 시절 인연
한 자락 풀어놓은 날에는
온 강이 일시에 막히고
거꾸로 솟구쳤다 다시 흘러간다.

* 서울 관음사에서 기도하고 있다.

고통 처방약

살아가는 날들이 칼날 같은 고통일 때
빠져나갈 수 없는 수렁이라고 여겨질 때
고통을 피할 것이 아니라
정면으로 응시할 일이다

죽일 듯 쏘아볼 것이 아니라
죽이라는 망연자실 아니라
'이 뭐고' 라며
그놈의 고통을 가만히 바라보다가
고통 속으로 들어가
고통이 되는 것이다

고통이 꼭 고통이 아니라
슬픔이 꼭 슬픔이 아니라
칼날이 빛을 품고 있듯

똥 막대기같이
뜰 앞의 잣나무같이
김씨네 개똥밭에
그냥 내버려 두는 것이다.

만약에

만약 그대의 염치가 반치나 자라난다면
아프리카 어린이가 영양실조에 걸려
죽을 확률이 반으로 줄어들 것이다
정말 그럴 것이다

만약 킬리만자로의 눈이
만분의 일이라도 줄어든다면
그대는 필시 갈증을 느낄 것이다
틀림없이 그럴 것이다

우주는 우리들의 커다란 집
작은 이슬방울 속에 온 우주가 들어있다.

불탑不塔

오늘 하루도 안동 관음사
노보살들 사시기도 뜨거웠나 보다
대웅전 뜰 앞 감나무 푸르던 얼굴 붉게 타오르고
절 앞 옥수수 줄지어 줄지어 하늘로 자란다

저녁나절에는 스님의 바람이 이뤄졌나 보다
땅속으로부터 얼싸 얼싸 줄탁동시
기합소리에 탑이 일어선다, 질세라
밖에서도 딱정벌레 잉잉거리고
윙윙윙 말벌들 목소리 보탠다

탑이 자꾸만 하늘로 쌓여간다.

빈소 앞 저 신발들

빈소 앞 저 많은
신발 어디에서 왔을까
저마다
길 끊어진 명부冥府에다
곡진하게
절하고 돌아 나와서는
어디 서둘러
갈 곳이라도 있는 것처럼
옷깃 곧추세우며
길 나서지만
가도 가도 그 자리
무방비로 벗겨진 채
살아온 날의 맨얼굴로
널 부러진 빈소 앞
저 많은 신발들
어디로 흘러가는 것일까

그림자

그림자는 내가 너를
관통 못한 찌꺼기다
네 생각을 따라가지 못한
게으름의 자국이다

관통 못한 빈껍데기의 진면목

그림자는
스스로를 밟지 못하노니
우리가
이렇게라도 서로를 존중하며
뒤돌아볼 수 있기를
바라는 내 안의 그분이시나니

장미 꽃잎 흩날리듯

눈부신 날들 가슴에 품고도
저 떨어지는 곡선의 유려함이라니

길 끊어진 길 위에 선
단 하나의 불덩이라니

발아래 이리저리 뒹구는 영혼이여
어디론가 흩어질 꽃잎 같은 인생이여

언제쯤이면 나 뜨겁게
불꽃으로 타오르다
단 한 번의 별리에
저리도 환하게 웃으며 흩날릴 수 있을까.

사리

불혹되던 그해 상강
일본 가려다 복통으로 쓰러진 상운스님*
어김없이 석 달 채우기 바쁘게 뭔가 모난 삐쭉한 것이
담관 찢을라치면 홍역 앓은 것처럼 미열이었다가
벌겋게 달아오르기를 반복하는데
그 새 아이고 아이고 죽어가는 신음소리 먹고
더 자라난 뾰족한 돌 벌써 큰스님 된 줄 알고
자꾸만자꾸만 사리 토해낸 지 스물다섯 해다.

* 서울 본각사 주지.

선비화

비 내리는 겨울밤
법성게 읽다 불현듯
나 같은 사람도 있구나 싶어
홀로 숨죽이며 눈물 젓는다
선묘여 선묘여 그대는
미워 내게 오지 못하고
나는 좋아도 가지 못하니
그리움은 필시 죽어서라도
언 땅을 녹일 것이나
내 언제 그대
문 앞 설 수만 있다면
절 마당 한가득
비단을 펼쳐
세상 풍파에 지지 않은
선비화* 한 폭 수놓으리라.

* 부석사 조사당 처마 밑에는 의상대사의 지팡이에서 싹이 튼 선비화가 1,300년 넘는 세월동안 햇볕과 물의 은혜를 입지 않고 꽃피우고 있어 화제다.

육십 넘어서는

육십 넘어서는 친구의 성화는 물리고
종일토록 방구석에 틀어박혀
시공의 고독과 씨름하다가 가끔
창밖 흘러가는 구름이나 보겠네
정처 없이 흘러가는 구름 바라보며
그제도 흐르고 지금도 어디메쯤 흘러갈
임의 심사 부질없음에 공연히 눈물이나 짓겠네
저녁나절에는 밤이 이슥하도록
강물에 비친 임 얼굴이나 뚫어지게 바라보다
꿈길 따라 빈 몸으로 서서는
임이 내 속에 두고 간
흐르는 물소리나 듣겠네.

불탑

그대 바라만 보아도
내 마음이 불탑니다
이럴 땐 내 마음이 불탑입니다
그대 품은 내가 불타
그대마저 남김없이
불태우다보면
매양 불타던 마음도
불 질러 불태우고 나면
재만이 허허롭게 남은
내 마음에 어느새
세상 비출 만한 불탑 하나
환하게 불타고 있습니다.

제3부

천경만론

참회록

노을 지는 환성사* 은행나무에 기대어
겨울이 깊어 가는데 데바닷타여
너는 도대체 누구냐
살면서 단 한번이라도 온전히
누군가의 언덕이 된 적 있었더냐
밤새 눈 맞은 수월관 저리도 환한데
그 사람 하나를 비추지 못해
캄캄한 밤 벌거벗은 석상의 몸으로
차디찬 용연龍淵 위를
아직도 엉금엉금 기어가는 것이냐.

* 경북 경산시 환성사.

기도하게 하소서

기도하게 하소서
기도하게 하소서
당신 모르는 풀 한 포기에도
그들 몫의 따사로운 볕 내려주시고
당신 따르지 않은 이들에게도
당신 대하듯 사랑하게 하시고
간절히 바라는 기도 아니라
빈 몸으로 덩그렇게 서 있어도
그것마저 감사하게 여길 줄 아는
기도되게 하시고
오로지 올려다보는 기도 아니라
가까운 이들 먼저 굽어보는
나지막한 기도되게 하시고
그곳에서 살아가는 이들과
하나 되는 너그러운 기도되게 하시고
마침내 이 모든 것을 받들 수 있는
당신의 듬직한 종 되기를 기도하게 하소서.

무아

나비가 날개 팔랑거리며
느릅나무 끝에서 봄을 부르고
한낮 제석사* 느릅나무에 매달린
매미 울어대니 온천지가 여름이다
원효고 설총이고 일연, 혜능, 도원이
어디에 있다는 것이냐

* 경북 경산시 제석사.

사자음대보살*

가장 높은 곳에다 인생의 목표를 걸었다
위대하기에 높은 곳에서 빛나는 대보살이 되기로
마음먹은 것이다
정좌하고 사색의 문에 거한 지 십여 년 만에 세상
이 보이기 시작했다
아름답고 여린 것들을 채워 넣는 신비한 영혼의 체
험이 거듭될수록
몸에서 반짝이는 것이 늘어갔으나 통장의 잔고는
줄어만 갔다
홀쭉해진 것은 통장만이 아니었다
반으로 꺾이고 휘어진 몸에서 자꾸만 삐거덕거리
는 소리가 났다
비워져가는 뼈 사이로 반짝이는 것들이 제자리를
잡아가는 작은 균열이었다제 몸을 부수어 기꺼이
양들의 둥지가 된 것이다
지표 없는 사막에서 길 잃은 어린 양들이 별을 보
며 집으로 돌아가는 시간
바람 부는 광야에 깊이 잠든 대보살의 숭-숭-숭
구멍 뚫린 뼈에서
빛나는 별들이 마구마구 쏟아져 나오는 것이었다.

* 김미자 선다문화원 원장의 법명.

시절인연

저 빛나는 별
하늘 품고 사는 것처럼
꼭 하고 싶은 거
마음에 달고 살다 보면
까마득한 별
저도 모르게
가슴에서 반짝이듯
간절한 소망 하나
잊지 않고 살다 보면
절로 굴러온 복에 겨워
실실 입으로
웃음 배어나오는
그런 행복한
시절 인연 올 때 있다.

만불사* 부도전

단 한번이라도 좋다
널 볼 수만 있다면
만불사 부도전
수북이 널린
삼도천 건너서라도
꼭 한번 만나보고 싶다
발 딛자 이별이어도 좋다
돌아오지 못해도 좋다
널 만나 볼 수만 있다면
단 한번이라도
널 볼 수만 있다면

* 경북 영천시 만불사.

소녀에게*

겨울의 한복판이었다
한 소녀가 사연 많은 얼굴로 차 앞에 서 있었다

“선생님 차를 그만… 잘못했습니다.”

도대체 얼마나 기다렸기에
움츠러든 어깨가 추위 때문인지
죄책감 때문인지 흔들려 보였다

세상의 단호함을 보여줄까
아직 살 만한 세상이라는 걸 증명할까
아무래도 따뜻함이
전파력이 강할 테니까 답장을 보냈다

“걱정 마세요, 제 차에 찍힌 상처는
충돌의 흔적이 아니라 제 게으름의 자국입니다
깨끗하게 세차하겠습니다.”

이젠 여학교에서 지구과학을 가르친다는 그녀
말 너머의 세상이 보이는 걸까

* 안동여고 천민주 선생님.

매월당* 영당에서

새 한 마리
높다란 고원
넘어서 갈 때

아득히 석양 지고
기억 가물거리듯

부질없는 세상사
푸르던 날개 접는다

그대 아는가
힘차게 창공
날아올랐으되

스스로 날개
접는 법 아는 이
몇이나 되랴

* 경주 기림사에 매월당 김시습 영당이 있다.

깨어 완결하는 삶

임이여 드디어 때가 왔습니다
이제는 긴 침묵의 시간입니다
새로운 세상을 꿈꾸든
완벽한 소멸을 받아들이든
그것은 오로지 당신의 몫이지만
지금은 이 순간을 직시할 때입니다
찬찬히 당신의 곁을 지키는 이들에게
그윽하게 머물며 오래도록 그들을
당신의 눈 속에 담아 두는 것입니다
마지막 한 호흡이 사그라들기 전에 그래도
인생은 살 만하다는 것을 보여주는 것입니다
당신이 그들을 사랑했다는 것을 보여주는 것입니다
그리하여 마지막도 이만하면
괜찮다는 것을 증거하는 것입니다
비록 당신이 굴곡진 인생을 살았다 해도
죽음도 인생이기에 마지막에라도 이렇게
깨어 완결해야 하는 것이 삶이라는 것입니다.

얼마나 좋으랴

모든 것들로부터 떠나가야 할 때
이만하면 됐다
무심히 말할 수 있다면
얼마나 좋으랴

하늘 우러러 홀가분하다
해맑게 웃을 수 있다면
얼마나 좋으랴

유장한 강물이
끝내 바다에 닿듯
누군가 위로하듯 한번 잠들면
깊이깊이 잠들리라
속삭일 수 있다면
얼마나 좋으랴

순간이동

순간이동 갑자기 출현한 최첨단 기술 아니다
UFO 통해 눈으로 확인한 시공時空의 오래된 기법이다
방금 전까지도 웃고 있던 누군가 병풍 뒤로 밀려나고
그 앞에서 곡하는 게 순간이동이다

앉으나 누우나 별반 다를 게 없는 세상
나 앉아서 그곳보고
너 누워서 이곳 보다가
멀쩡한 날 랜덤 롤러코스트 태워져
병풍 뒤에 눕혀지는 것이 순간이동이다

정해진 규칙이나 순서 없이
시공의 죽 끓은 변덕놀음
시절장단에 춤추다 뒤로 벌러덩
자빠지는 것이 순간이동이다

개발비 잔뜩 쌓아두고도
구형 개구리 뒷발 어덩치기* 고집하는 탓에
눈물 마를 날 없지만 개선기미 보이지 없고
차원 달리하는 탓에 막을 방도 아직 없다.

* 의도하지 않았는데도 의도된 일처럼 된다는 청송 지역 방언이다.

윤회

좋아하고 미워하고
살고 죽고
하는 거 별 거 아니다
때마침 꽃 지고
뿌리의 시간되는
것과 같은 것이다
때맞춰 비온 뒤
줄기에 물오르는
것과 같은 것이다
산다는 건 그런 것이다
꽃 지면 죽었다
물오르면 살아나는 것이다.

봉황사* 기자바위

그대 보고파 하는 마음
어디에 비유할 수 있을까
어제 하루 보지 못한 고단함이
밤새 꿈으로 되살아나네
꿈속에서의 그대는
아이를 둘 낳은 내 여자였네
꼭 맞잡은 손 바라보는 그대
두 눈 아직도 그윽한데
어제의 일 지켜보던 아기산
그리운 열두 화폭으로 남았네.

* 경북 안동시 임동면에 있다. 입구에 기자바위가 있다.

장주지몽

어느 쪽으로도 기울어질 것 같지 않은
장자莊子의 미간 사이로 시간이 흐르자
상승에 지친 나비 한 마리 추상秋霜에 목축이려
아미에 맺힌 이슬 위 사뿐히 내려앉았을 뿐인데
활시위처럼 팽팽하던 우주의 평형 축이
살짝 북반구 쪽으로 기울어지다

천경만론

계정혜의 삼학등지를 골고루 갖춘
천경만론에 뛰어놀다 선정에 올라타야지
호랑이 등이라는 오경스님의 사자후는 진리다
잡다한 문자에 꺼 달리면 마구니 장난에 놀아나
도에서 멀어진다는 용수사부의 가르침은 진리다
만론에 머물다 선정을 거닐어도 행 없이는
그저 바람에 일렁이는 파도일 뿐이라는
원경스님의 일침 또한 만고의 진리다
실상, 선교행禪敎行을 구족해도
애초 바람에 이는 파도였을 뿐이라는
사자음대보살의 묵언만은 새빨간
거짓인데 의심나거든 벌거숭이로
동해 바다에 풍덩 빠져 보거라
파도와 물 뿐이로되
그대로의 파도요
그대로의 물인 파도가
천경만론*으로 펼쳐져 있을 테니
그대 눈앞 황홀경으로 펼쳐져 있을 테니

* 팔만사천 경전과 법문 즉 부처님의 모든 말씀이라는 뜻.

매창 무덤

한 봉우리 가을로 누워있는
저 여자
공연히 옛 생각을 불러와
온종일
검붉은 산 다 태우네.

신의 화답이라는 것

누군가 알 수 없는 방법으로
우주에 기다랗게 금 하나를 그었다.

심금인가?

우주가 울기 시작했다.

이가사

이름난 스님이
강물 유장하게 흐르는 아늑한 터에
송림 둘러 가람 세웠다기에
죽장에 풀 먹인 삼베옷 걸치고
염천에 불 뒤집어쓰고
물어 물어갔더니
점점이 박힌 편액 아래 주렴
바람이 스쳐가듯 먼저 읽고는
공부 더딤을 나무라는데
공연히 구름의 일까지 욕심 낸 중
다리 찢어놓을 계단 오르내리느라
실없는 도력마저 다 까먹게 생겼구나.

신홍길동전

서울 한복판 대찰 주지 상운스님 모처럼 추석 연휴에 호기롭게 안동 내려와
저녁 먹자며 지인 여럿 불렀으나 다들 대소사에 묶여 줄행랑치기 바쁜데
낭창하기로 소문난 향이와 내락 없기로 둘째가라면 서러운 선달이만 덩그렇게
스님과 마주 앉고 보니 좌불안석이라 무심결에 향이 옆구리 쿡 찔렀더니
옜다, 모르겠다며 그년, 스님 면상에다 이렇게 소리치는 것이었다.
사랑 사랑 내 사랑아! 내 너를 업고 봉당 툇마루에 올라 저기 저 궁궐 바라보며
임금님 귀는 당나~ㄱ이 귀
임금님 귀는 당나~ㄱ이 귀
목청 높이 불러나 보아야 하지 않겠냐며
춘향가 한 대목 같은 소리 하고 나니
곧장 그 말 받은 선달 한마디 하기로서니
아이고! 내 오늘 큰스님을 큰스님이라 부르지 못하니
아버지를 아버지라 부르지 못하는 길동이 신세와 다름 없구나 하더라.
이 말 듣고 혼 빠진 사람마냥 멍하니 앉아 있던 상운스님
얼떨결에 당분간 대(大)스님이라고 하지 말고
중(中)스님하고 부르라 하더라.

선적禪的 상상력을 통한 초월적 시학의 완결판

— 문목삼림 시집『천경만론』의 시 세계

정유지(문학평론가, 경남정보대 디지털문예창작과 교수)

1. 선적 상상력, 회유 위한 자각自覺의 퍼포먼스

"물고기는 자지 않는다. 끊임없이 목적지를 향해 응시하고 움직일 뿐이다."

일반적으로 회유(回游, Migrate)는 물고기가 알을 낳기 위하여 또는 계절을 따라 정기적으로 떼 지어 헤엄쳐 다니는 일이다. 문목삼림 시인에게 있어 회유란 보살을 배려하기 위한 잉어들의 힘찬 호위를 상기시킨다. 승천한 잉어가 용이 된다는 전설이 등용문登龍門의 유래이듯 전통적으로 잉어는 복을 가져다주는 상징성을 지니고 있다. 임산부가 잉어 꿈을 꾸면 아들을 낳는다고 하고, 관직에 있는 사람은 크게 출세한다고 했다. 이런 전통 때문에 우리 선조는 방에 잉어를 그린 그림을 붙여 놓고 과거 공부를 하면서 장원급제를 기원하기도 하였다. 잉어는 등용문을 통과해 용이 되는 물고기로 주로 선비들 주변에 늘 자리 잡고 있었는데 그것이 바로 연적, 벼루 등에 잉어 문양을 넣어 사용했던 테마다.

철학적 사유로 빚어내는 깊은 내공을 선법의 진리에 접목한 문목삼림 시인의 시가 예사롭지 않다. 한마디로 선적 상상력 속에서 자각의 물보라를 생성시키고 있다. 잉어와 같은 회유의 캐릭터를 지니고 있다. 누구나 자신을 나타내고 싶은 욕망이 있다. 그러나 그런 욕망 역시 일정한 미학을 장착시킨다면 새로운 아이콘(Icon)으로 변신이 가능한 것이다. 이 자성自省의 아이콘을 문목삼림 시인이 선보이고 있다. 문목삼림 시인의 시적 설법 속에는 상대방을 어루만지어 잘 달래고 있을 뿐 아니라, 정교한 수단으로 설복시킨다는 회유(懷柔, Conciliation)의 의미도 녹아들어 있다. 또한 그르쳐서 깨우칠 뿐 아니라, 타일러 일깨워준다는 회유誨諭의 의미도 숨겨져 있다. 잉어는 굉장히 스마트한 물고기이다. 이성이 마비되고, 감성이 최고조 상태가 되었을 때일수록 회유의 미학은 엄청난 파괴력을 가지고 있다. 타협의 물꼬를 터주는 역할을 하기 때문이다.

자비慈悲가 깃든 회유는 상생의 물보라를 생성시킨다. 문목삼림 시인이 선적 상상력으로 창조한 「바람이 분다」와 같은 작품에서 보여지듯 굳이 불교적 색채를 덜어낸 단순한 서정성만으로도 높은 미학적 아름다움을 성취하고 있다.

통도사 서운암
초저녁 달빛
넘실대는 꽃가지 타고
창문 넘어오는 소리
가만가만 듣노라면
하늘가에서부터 우레 밀어내고
추상秋霜 부르는
갈잎의 연한 속사임
반짝반짝 충전 중인
별들의 무성한 눈빛이 깨알 같다

모름지기 깨어 있는 일이란
속으로 흐르는 것이어서
엄동 언 강 속으로도 물이 흐르고
설한에도 속 젖지 않은 버들강아지
봄을 부르는 법이다

계절이 오가는데 아직 상하지 않은
타다 남은 심지에라도 불을 지펴야겠다
남녘에서 소슬바람 불어온다
먼 길 갔던 임이 오시려나 보다.

— 시, 「바람이 분다」 전문

서운암은 중봉 성파 큰 스님의 토굴이다. 여러 암자 중 가장 사람들이 많이 찾는 곳이다. 계절별로 피어나는 꽃은 산을 뒤덮어 장관을 이룬다. 시인은 이곳 저녁의 풍경을 적나라하게 묘사하고 있다. 배경은 계절이 깊은 가을 길목이다. 물든 갈잎에서 가을을 느끼며 서정적인 가을밤 별빛을 보며 아름다움을 노래하고 있다. 그런 가운데, 깨어 있으라고 말한다. 깨어 있다는 것은 자신을 향한 성찰이다. 언 강도 녹이고 설한에도 젖지 않는 봄이 온다고 하는 내면을 향한 메시지이다. 바람은 잠들 수 없는 자각의 신호다. 그 통철한 자각은 죽음 앞에서 별반 다르지 않다. 오히려 잔잔해서 더 절절하고 더 두드러진다. 시인은 「사라져 간다는 것」에서 죽음을 '기적과도 같다'라고 강조한다. 역설적이지만 참으로 통절한 자각이 아닐 수 없다.

> 내 마지막 소원은 깃털처럼 가벼워지는 것
> 흩날리는 눈처럼 이내 녹아 흔적 없이 사라지는 것
> 죽음은 일상이거나 어쩌면 기적과도 같은 것
> 사라져간다는 것은 한 죽음이 한 생을 밀어
> 죽음으로부터 부축 받던 삶이
> 유유히 우주의 경전 안으로 걸어가는 것
> 깊디깊은 시원의 유혹 속으로 빠져드는 것이다
> 은자가 주문을 외며 고요 속으로 침잠하듯
> 시공 속 영원한 자유 찾아
> 홀로 긴 여행을 떠나는 것이다.
>
> — 시, 「사라져 간다는 것」 전문

시인은 '죽음은 끝이 아닌 일상'이라고 말하고 있다. 또한 '죽음이 한 생을 밀어 올려 오히려 새로운 생이 된다'는 것을 역설하고 있다. 시인의 말대로 '죽음은 영원한 안식을 찾아 시공 속 긴 여행을 하는 것'일지도 모른다. 죽음은 두려움이 아니라 새로운 시작이라는 사유를 가진 시인의 말이 참으로 편안한 안식의 메타포를 전해주고 있다.

죽음에서조차 탄생의 순간을 포착하는 기적을 보여주는 이러한 원초적 따뜻함이야말로 시인이 세상을 향해 빚어내는 온기인 것이다. 아래 「잉카소녀」라는 시도 이러한 문목삼림 시의 미덕과 미학을 잘 보여준다.

누군가 잃어버린 시간을 불러들이나
문밖에 서성이던 세계가 술렁인다
되돌리고 싶은 추억이 떠올랐는지
잠자던 소녀의 얼굴에
배시시 홍조가 물든다
기억 밖의 기억을
조각하는 것은 구름 그 너머의 일
꽃잎 지는 이유를 꼭 다 알 필요는 없다
아직 다가서지 못한 시간의 태엽에
비 내려도 젖지 않은
눈 내려도 얼지 않은
신선한 바람의 정액이 묻어있다.

— 시, 「잉카소녀」 전문

시인은 안데스산맥에서 발견한 15세 잉카소녀의 몸을 해동하자 죽은 지 500년이 지났는데도 선홍색 피가 흘렀다는 사실을 텍스트화해서 작품을 그려내고 있다. 굳이 기억을 할 필요가 없다고 일갈하고 있다. 오랜 세월의 태엽을 풀려고 하지 말고 기억할 수 있는 것만 기억하라고 노래하고 있다.

산중에 보는 이 없이
홀로 핀 꽃
외롭다더냐

공중에 흔적 없이
날아가는 새
서럽다더냐

고독과 이별
유별난 거 아니다

다들
자기만의 세상에서
그렇게 살아가는 거다.

— 시, 「고독 어디에나 있는 것」 전문

고독은 어느 특정인에게만 있는 것이 아니라 누구나 고독할 수 있다. 시인은 '홀로 고독하다고 말하지 말라'고 진술하고 있다. 독일 철학자 쇼펜하우어는 '인간은 누구나 다 혼자다'라고 말했다. 인간은 진정 혼자 있을 때 자기 자신을 알게 된다. 인간이 고독을 소중하게 생각하지 않으면 자유의 소중함도 모를 것이다. 진정 혼자 있을 때 자유롭고 사랑이 더 충만해지는 경험을 해본 이라면 진정한 고독의 의미를 이해할 수 있을 것이다. 스스로 더 성숙해지는 자신을 느낄 수 있기 때문이다. 시인이 전하는 메시지 또한 그렇다. 하나의 통일성으로 관통하는 시인의 따뜻함의 줄기를 찾아가다 보면 보다 근원적 귀결점에 사랑이 있다는 것을 발견한다.

하늘가에서부터 봄이 흐릅니다
별들이 반짝이며 봄을 충전합니다
달이 어찌하지 못하고 옷을 벗습니다
노래하는 새는 별 하나 사뿐히 물고
나뭇가지에 내려앉으며 지저귑니다
진달래 눈가에 미소가 번집니다
벚꽃이 하얀 이를 드러내며 파안대소합니다
그곳에 계신 당신께서 밤사이 부친
봄 편지에 아직 풋풋한 꽃향기 묻어납니다.

— 시, 「어머니」 전문

감성을 울리는 존재, '어머니'라는 호칭은 눈물샘을 자극한다. 비단 시뿐인가. 가령, 임영웅이란 가수가 어머니를 주제로 한 노래를 부를 때, 많은 대중들은 눈물이 저절로 분비된다. 그만큼 어머니가 내포하는 의의가 크고 깊은 만큼 상징적인 의미로 쓰이기 때문이다. 시인은 돌아가신 어머니가 그리워하며 사모곡을 부르고 있다. 어머니란 단어만큼 그리운 단어가 또 있을까. 부

드러우면서도 강하고, 엄하면서도 끝없이 자애로운 시적 대상이다. 봄날 활짝 핀 벚꽃을 보며 '어머니가 하늘에서 부친 편지'라고 시적 인식을 통해, 어머니에 대한 시인의 절절한 그리움이 여실하게 잘 나타나 있다. 세상의 어머니는 돌아가신 후에도 자식을 돌보고 있다. 시인의 언어대로 꾸준히 편지를 띄우고 있는 사랑의 대명사다.

2. 자비慈悲의 미학은 조화의 협치를 낳고, 다시 윈윈(Win-Win)의 상생 효과를 낳다.

"비록 동종 또는 반대쪽의 경쟁자일 경우라도 서로 협업하면 기대 이상의 상황이 창조되듯, 오늘날은 대중이 만족할 수 있다면 변화와 변혁, 변신의 아이콘! 콜라보레이션(Collaboration)을 선택해야 살아남을 수 있다."

지하철에 걸린 모 대학의 협업 관련 슬로건이다.

요즘은 협업을 통해 집단적 창조성을 획득하거나 또 시너지 효과도 맛볼 수 있다. 기존의 동종 간 '상호 보완적 협업(긴밀 협업, 밀착 협업)'의 틀을 깨고, 양쪽 반대쪽 업종끼리의 만남이 이루어져 결국 파격적 성격의 아이디어와 혁신을 이루는 크로스 콜라보레이션(Cross-Collaboration) 즉 '극단적 협업' 역시 간과할 수 없는 시대적 흐름이다. 한편 '남이야 어떻든 나만 잘 먹고 살면 된다.'는 물질 이기주의가 판치는 시대에 문목삼림 시인의 시집 『천경만론』은 불자들을 넘어 일반

독자들을 따뜻하게 감싸는 역할을 하고 있다. 선적 상상력을 바탕으로 한 가운데, 불교적 세계관과 휴머니즘 경향의 세계관을 통해 독특한 콜라보레이션 효과를 낳고 있다.

창조는 진화한다. 독자들은 기존의 형태만 고집하는 패러다임을 수용하지 않고 오히려 외면한다. 이 때문에 콜라보레이션이 경쟁력이다.

시인은 자신이 자주 찾는 관음사로 향한다. 「불탑」을 통해 이를 확인할 수 있다.

> 오늘 하루도 안동 관음사
> 노보살들 사시기도 뜨거웠나 보다
> 대웅전 뜰 앞 감나무 푸르던 얼굴 붉게 타오르고
> 절 앞 옥수수 줄지어 줄지어 하늘로 자란다
>
> 저녁나절에는 스님의 바람이 이뤄졌나 보다
> 땅속으로부터 얼싸 얼싸 줄탁동시
> 기합소리에 탑이 일어선다. 질세라
> 밖에서도 딱정벌레 잉잉거리고
> 윙윙윙 말벌들 목소리 보탠다
>
> 탑이 자꾸만 하늘로 쌓여간다.
>
> — 시, 「불탑不塔」 전문

시인은 초월적 기표인 '감나무'와 '옥수수'를 통해 한계상황을 극복하고 있다. 경북 안동시 관내의 관음사의 불탑을 시적 소재로 삼고 있다. 서로가 돕고 도와 스님의 바람대로 불탑이 세워졌음을 그리고 있다. 불탑을 바라보면서, 외부적 환경과 내부적 역량이 적절히 조화되어 창조되는 줄탁동시啐啄同時를 상기시키고 있다. '병아리가 알에서 깨어나기 위해서는 어미 닭이 밖에서 쪼고 병아리가 안에서 쪼며 서로 도와야 일이 순조롭게 완성된다.'는 뜻이다. 전형적인 사찰 풍경을 담담하게 진술하고 있다. 그러나 이 시에는 이러한 표면적 드러남과는 달리 의도된 함정이 도사라고 있다. 제목에서 보듯 불탑은 탑이 없다는 말이다. 실질적으로 관음사에는 탑이 없다. 그런데도 시인은 마치 이 절에 탑이 있는 것처럼 이야기를 전개하고 있다. 까닭이 무엇일까? 단순히 탑을 세우고 싶어 탑이 없다는 것을 환기했거나 인간의 탑(욕심)이 점점 높아만 가는 것을 개탄하는 자각의 메시지로 이 시를 썼다고 해석해도 큰 무리가 없을 것 같다. 하지만 이 시는 왠지 시인이 우리가 생각하는 그 너머에 그 무엇을 화두처럼 툭 던졌다는 자각을 일으키고 있다. '있고 없고'와 같은 이분법적 사유의 틀이 아니라 일체의 분별경계를 떠난 공성空性을 실현하고픈 시인의 내면세계가 표출한 것으로 읽힌다.

공성의 깨달음을 얻기 위해 시인은 필연적으로 처절한 「참회록」을 쓸 수밖에 없는 것이다.

> 노을 지는 환성사 은행나무에 기대어
> 겨울이 깊어 가는데 데바닷타여
> 너는 도대체 누구냐
> 살면서 단 한번이라도 온전히

누군가의 언덕이 된 적 있었더냐
밤새 눈 맞은 수월관 저리도 환한데
그 사람 하나를 비추지 못해
캄캄한 밤 벌거벗은 석상의 몸으로
차디찬 용연龍淵 위를
아직도 엉금엉금 기어가는 것이냐.

— 시, 「참회록」 전문

시인은 데바닷타(Devadatta)를 소환해서 심판하고 있다. 데바닷타는 석가모니의 제자였지만 나중엔 석가모니를 배신한 자이다. 수없이 부처의 암살을 시도했고 악행은 끝이 없어, 산채로 지옥불에 떨어진 자로 기록되어 있다. 시인은 데바닷타를 꾸짖고 있으나 실상은 자신을 성찰하는 참회懺悔의 순간으로 기류를 형성시켜 시적 긴장감을 감돌게 한다. 환성사는 경상북도 경산시 하양읍 팔공산八公山에 있는 통일신라의 승려 심지 왕사가 창건한 사찰이다. 시인은 해질녘에 은행나무에 기대어 참회록을 쓰고 있다. 시를 통해 참회하는 시인의 세계관을 어찌 데바닷타와 견줄 수 있을까. 시인의 질박한 시적 언어가 오히려 거짓 없이 아름다운 참회로 재해석할 수 있다. 이는 인간이 가장 인간다워지려는 휴머니즘(Humanism)으로 이어진다.

시인은 진리의 세계에 심취해 있다. 휴머니즘 진리라는 것이 존재할 수 있는지는 알 수 없으나 굳이 이것을 문목삼림 시인의 세계관으로 환치하면 휴머니즘에 천착

한 진리의 세계관이다. 이보다 더 적절한 비유가 있을까 싶다. 「천경만론」을 소리 내어 몇 번 읽어보고 또 소리 죽여서도 여러 번 음미해보면 문목삼림 시인의 휴머니즘적 진리의 세계를 여실하게 감지할 수 있다. 그는 진리의 세계에서조차 인간적인 문제의 인간인 것이다.

계정혜의 삼학등지를 골고루 갖춘
천경만론에 뛰어놀다 선정에 올라타야지
호랑이 등이라는 오경스님의 사자후는 진리다
잡다한 문자에 껴 달리면 마구니 장난에 놀아나
도에서 멀어진다는 용수사부의 가르침은 진리다
만론에 머물다 선정을 거닐어도 행 없이는
그저 바람에 일렁이는 파도일 뿐이라는
원경스님의 일침 또한 만고의 진리다
실상, 선교행禪教行을 구족해도
애초 바람에 이는 파도였을 뿐이라는
사자음대보살의 묵언만은 새빨간
거짓인데 의심나거든 벌거숭이로
동해 바다에 풍덩 빠져 보거라
파도와 물 뿐이로되
그대로의 파도요
그대로의 물인 파도가
천경만론으로 펼쳐져 있을 테니
그대 눈앞 황홀경으로 펼쳐져 있을 테니

— 시, 「천경만론」 전문

우리 중생의 번뇌는 창공에 구름이 일듯이 일어난다. 중생의 팔만사천 번뇌라는 말은 팔만사천이란 숫자 자체를 의미하는 것이 아니다. 끝없이 많고 많은 번뇌가 무한히 일어난다는 말이다. 중생들이 팔만 사천 가지 번뇌를 갖고 있으니, 그 번뇌를 모두 없애 버리기 위해서 부처 가르침의 근본은 누가 없애주는 것이 아니라 자기가 없앴다는 점이다. 자업자득인 셈이다. 산다는 것은 서로 의지하는 것이다. 상의상존相依相存하는 인연법이고 윤회법이다.

천경만론은 '그저 바람에 일렁이는 파도뿐' 또는 '애초 바람에 이는 파도였을 뿐'이란 시적 어법으로 노래하고 있다. 일종의 깨달음이다. 그 파도 역시 실상은 물이며, 황홀경의 몸체임을 설파하고 있는데 시집 제목이기도 한 천경만론이란 제목부터 자못 묘하다. 무엇보다 중의적이어서 묘하다. 일반적으로 천경만론千經萬論은 '팔만사천 경전과 법문 즉 부처님의 모든 말씀'이란 뜻이지만 여기서는 자구가 나타내는 뜻 그대로 천 가지 경전과 만 가지 주장이라는 의미로 쓰이고 있다. 따라서 이 많은 경전과 논증의 뜻으로 읽히는 천경만론과 시인의 내적 바탕을 이루고 있는 선적 상상력은 우선 서로 충돌을 일으키는 반대적 개념이어서 이것을 어떻게 풀어갈지가 흥미로운 것이다. 즉 시집 전체는 선적 상상력으로 채워 넣고 제목만 달랑 천경만론이라는 반대적 개념을 선택한 시인의 발칙한 의도가 참으로 묘한 것이다. 하지만 이 시야말로 시인의 내공을 고스란히 드러내고 있다. 기실 이 시는 그윽하게 살피면 선가禪家에서 경전에 치중하는 공부가 오히려 깨달음을 방해한다고 여겨 멀리하는 경향이나 경전만 파고들고 선 수행은 게을리하는 세태할 것 없이 일갈하고 있다. 또 한편으론 어느 길을 가든 모두 깨달음에 이를 수 있다는 것을 설파하고 있다. 시인은 오경스님, 용수사부, 원경스님, 사자음대보살이라는 다양한 길을 제시하지만 사실 이 길은 다 하나로 연결되어 있다. 즉 공이 색이고 색이 공이듯 시인은 길이 문제가 아니라 치열하지 못한 자세가 문제라는 것을 완곡하게 질타하고 있는 것이다.

시인은 석가모니가 깨달음을 얻은 뒤, 최초로 설파한 가르침 「무아」를 피력하고 있다.

> 나비가 날개 팔랑거리며
> 느릅나무 끝에서 봄을 부르고
> 한낮 제석사* 감나무에 매달린
> 매미 울어대니 온천지가 여름이다
> 원효고 설총이고 일연, 혜능, 도원이
> 어디에 있다는 것이냐
>
> — 시, 「무아」 전문

만물에는 고정 불변하는 실체로서의 나(實我)가 없다. 무아無我의 뜻이다. 자연과의 합일을 추구하는 자세를 무아로 표현하기도 한다. 시인은 원효 설총 일연의 고향인 석남사에서 큰 깨달음을 얻고 있다. 석남사는 경북 경산시 소재의 사찰이다. 온 천지는 생명의 소리가 가득한 여름이다. 시인은 원효, 설총, 일연을 거론하면서, 있는 그대로 내 자신이 진리요, 부처라고 말하고 있다.

깨달음 즉 돈오의 경지로 말한다면 윤회가 없는 것이지만 시인은 성찰의 개념으로 끊임없이 윤회를 불러들이고 있다. 그의 시인으로서의 이러한 자세는 소승 아라한이 득도를 통해 홀로 부처의 길을 갈 수 있음에도 중생을 위해 그 길을 포기하고 대중을 교화하는 보살로 살아가는 삶과 다를 바 없다. 시인은 대중과 동떨어진 삶이 아니라 낮은 길에서 대중과 호흡하는 대승의 길을 선택한 것이다. 그의 따뜻한 삶의 지향은 「윤회」를 통해서도 이를 확인할 수 있다.

좋아하고 미워하고
살고 죽고
하는 거 별 거 아니다
때마침 꽃 지고
뿌리의 시간되는
것과 같은 것이다
때맞춰 비온 뒤
줄기에 물오르는
것과 같은 것이다
산다는 건 그런 것이다
꽃 지면 죽었다
물오르면 살아나는 것이다.

— 시, 「윤회」 전문

시인은 '극과 극으로 내닫는 것들도 결국 알고 보면

별 것 아니다.'라고 말하고 있다. 모든 것이 윤회한다고 믿기 때문이다. 사람이 태어나 늙고 병들었다가 죽기를 끊임없이 반복하는 것이 마치 바퀴가 돌듯이 세상이 돌아간다고 붙인 용어다. 이를 한자로 명기하면 바퀴 륜輪을 써서 윤회輪廻라 한다.

윤회의 산스크리트 삼사라(saṃsāra)는 '함께 흘러간다', '삶과 죽음을 되풀이한다', '괴로운 생존을 되풀이한다' 등의 뜻으로 쓰인다. 시인은 산다는 것이 돌고 도는 것이기에, '꽃 지면 죽었다가 물오르면 살아나는 것'임을 깨닫고 있다. 언어의 미학을 더욱더 향기롭게 구사하는 시인의 연금술이 탁월한 면모를 보여준다.

시인은 하루의 시작과 종착지인 자신의 보금자리에 대하여 진술하고 있다. 「장주지몽」에서 확인할 수 있으며 진지한 시심의 온도도 평상심을 지키고 있다.

어느 쪽으로도 기울어질 것 같지 않은
장자莊子의 미간 사이로 시간이 흐르자
상승에 지친 나비 한 마리 추상秋霜에 목 축이려
아미에 맺힌 이슬 위 사뿐히 내려앉았을 뿐인데
활시위처럼 팽팽하던 우주의 평형 축이
살짝 북반구 쪽으로 기울어지다

— 시, 「장주지몽」 전문

장주지몽莊周之夢은 사물과 한 몸인 경지를 일컫는다. 즉, '나와 외물은 본디 하나인데, 현실에서 갈라진 것에 불과하다'는 이치를 비유적으로 이르는 말이다. 장자莊

子가 '꿈에서 나비가 되었다가, 꿈을 깬 뒤에 자기가 꿈에 나비가 되었는지 원래 나비인 자기가 인간의 꿈을 꾸고 있는 것인지 판단하기 어렵다'고 했다는 고사故事에서 유래한 말로, 장자 사상의 바탕을 이루는 근간이 된다. 꿈속에서는 나비가 됐다가 깨어보니 원래의 모습으로 돌아왔다. 이것이 바로 '장주지몽'의 심오한 철학인 것이다. 시인은 삶과 꿈, 실제와 환상 사이의 경계를 무너뜨리며 우리에게 묵직한 철학적 사유와 자아성찰의 돌직구를 날리고 있어 이 한 권의 시집이 독자들에게 영혼을 일깨워주는 메시지가 될 것이다. 인간의 삶이란, '끊임없이 꿈꾸는 과정'임을 은연중 제시하고 있다.

문목삼림 시인의 시에서는 자비의 불교적 세계관을 통해 꿈과 현실, 그리고 자아와 세계 사이의 경계에 대해 고민하며 성찰하고 있음을 엿볼 수 있다. 그만큼 시인의 내적 자아를 충실하게 구현시킴으로써 휴머니즘적 세계관 또한 구축하고 있다. 아울러 무아와 윤회에서 보여주고 있듯 삶의 가치를 자연의 순환과 순리에 부합되게 살려는 삶의 의지가 돋보이며 진인사대천명盡人事待天命의 인간으로서 해야 할 일은 다하고 나서 하늘의 뜻을 기다린다는 뜻처럼 내적 자아의 깊이 또한 넉넉하다.

문목삼림 시인은 이른바 자기 존재를 자각하고, 선적 상상력을 창조하고 있다. 시인이 선적 상상력을 근간으로 한 일상에서 발견해 낸 시적 공간을 통해 자유의지를 향유할 삶의 연결고리를 끊임없이 재생시키고 있다. 시인의 이러한 지향이 메마른 세상에 단비가 되고 어둠을 밝혀주는 등불이 되기를 고대해 본다. 그리고 그의 시적 성취가 종래終來에 우리 문학사에도 크게 반향을 일으키기를 기대해 본다.

문학세계대표작가선 1002

천경만론千經萬論

문목삼림 시집

인쇄 1판 1쇄 2023년 12월 14일
발행 1판 1쇄 2023년 12월 21일

지 은 이 : 문목삼림
펴 낸 이 : 김천우
펴 낸 곳 : 도서출판 천우
등 록 : 1992. 2. 15. 제1-1307호
주 소 : 서울시 성동구 무학봉28길 6 금용빌딩 2F
전 화 : 02)2298-7661
팩 스 : 02)2298-7665
http://cafe.naver.com/chunwu777
E-mail : cw7661@naver.com

ⓒ 문목삼림, 2023.

값 17,000원

* 도서출판 천우와 저자의 서면 동의 없는 무단 전재 및 복제를 금합니다.
* 저자와의 협의에 따라 인지는 생략합니다.

ISBN 978-89-7954-912-6